Bonn/Roeckl/Emmerig

Nibelungenringerl

Franz Bonn

RICHARD WAGNERS NIBELUNGENRINGERL

Harmlose Schnadahüpfln
für drei Tage und einen Vorabend

Verbesserte Neuausgabe
von
Sebastian Roeckl
Neu herausgegeben
mit Zeichnungen
von Olaf Gulbransson
von
Thomas Emmerig

Gustav Bosse Verlag
Regensburg

© Copyright 1988 by Gustav Bosse Verlag
GmbH & Co. KG, Regensburg
Nachdruck, auch auszugsweise,
bedarf der Genehmigung des Verlages.
ISBN 3 7649 2367 9
Satz und Druck: MZ-Druck, Regensburg
Umschlag: Fotosatz und Repro Fritz Hueber,
        Neutraubling

VORWORTE DER HERAUSGEBER

Unter dem Pseudonym *von Miris* hat Franz Bonn, der als Domänendirektor des Fürsten von Thurn und Taxis 1894 starb, zahlreiche heitere und ernste Dichtungen veröffentlicht. Die Nibelungen-Schnadahüpfln erschienen im Jahre 1878 bald nach der ersten Münchner Gesamtaufführung von Richard Wagners Tetralogie *Der Ring des Nibelungen* (17., 19., 21., 23. November 1878). Deshalb ist an einigen Stellen auf die damals vorherrschende Beurteilung des Wagnerschen Werkes angespielt. Das Büchlein erlebte rasch mehrere Auflagen. Heute ist es völlig unbekannt, und doch wird sich auch jetzt noch selbst der eingefleischte Wagnerianer an seinem natürlichen, frischen, nie verletzenden Humor, seiner naiven Ironie, seiner bündigen Darstellung und gemütlichen Sprache vergnügen.

Diese Neuausgabe ergänzt einige Lücken des Inhalts und hält sich genauer an den oberbayerischen Dialekt, sonst ist Bonns köstliches *Nibelungenringerl* unverändert geblieben.

Sebastian Roeckl †

Franz Bonn wurde am 18. Juli 1830 in München geboren. Er war Jurist, zuletzt Staatsanwalt am königlichen Oberlandesgericht München. Am 1. Januar 1881 trat er seine Tätigkeit als „Direktor des fürstlichen Civil-Collegialgerichts II. Instanz" und „Direktor der fürstlichen Domainen-Ober-Administration" des Fürsten von Thurn und Taxis in Regensburg an. Am 23. August 1883 übernahm Bonn zusätzlich das Amt des Stellvertretenden Chefs der fürstlichen Gesamtverwaltung. Er starb am 7. Juli 1894 in Regensburg.

Unter dem Pseudonym *von Miris* veröffentlichte Franz Bonn zahlreiche meist heitere Dichtungen, so etwa Verse für Kinderbücher. Er schrieb aber auch Libretti zu Kompositionen von Joseph Rheinberger und Michael Haller.

Sebastian Roeckl machte sich einen Namen als Musikkritiker in München, in Sachen Wagner darüber hinaus durch die Erstveröffentlichung zahlreicher Briefe sowie durch seine Bücher *Ludwig II. und Richard Wagner* (2 Bände, München 1903 [²1913] und 1920) und *Richard Wagner in München* (Regensburg 1938). Im Jahre 1936 ist er in München verstorben.

Roeckls „Verbesserte Neuausgabe" des *Nibelungenringerls* von Franz Bonn erschien in der *Zeitschrift für Musik* (95 [1928], S. 278–282 und 338–341). Die Schriftleitung der Zeitschrift bemerkte dazu: „Wir zweifeln nicht, daß unsere Leser an diesem Schnadahüpfl-Nibelungenring ihre herzliche Freude haben werden, da wirklicher, in der bayerischen Volksseele wurzelnder Humor in der ganzen Behandlung steckt. Mit echter, von aller billigen Satire absehender Gemütlichkeit wird die gewaltige Handlung ins bayerisch Volkstümliche derart glücklich übersetzt, daß selbst der strengste Wagnerianer innerlich mitmachen wird. (...) Raten möchten wir übrigens, die Verse etwa auch auf eine Schnadahüpfl-Melodie zu singen."

Die Auffindung von Roeckls Manuskript im Wagner-Jahr 1983 provozierte die Idee der Neuveröffentlichung. Dank gilt dem Gustav Bosse Verlag, der sich zur Verwirklichung entschloß.

Die vorliegende Ausgabe folgt Roeckls Manuskript. Gegenüber Franz Bonns Publikation von 1878, die innerhalb von zwei Jahren vier Auflagen erlebte, handelt es sich in der Tat um eine Verbesserung, die Lücken des Inhalts schließt. Gegenüber der Ausgabe von 1928 wird auf Erläuterungen zum Verständnis des Dialekts verzichtet, die aus heutiger Sicht als entbehrlich erscheinen. Von der Übernahme der dort vorgenommenen Korrekturen, die möglicherweise auf die Redaktion zurückgehen, wird abgesehen. Dank gilt Frau Dagny Björnson-Gulbransson für die Genehmigung, diese Ausgabe mit drei Zeichnungen von Olaf Gulbransson auszustatten, die zuerst unter dem Titel *Von den Wagner-Festspielen in München* im Beiblatt der Zeitschrift *Simplicissimus* (9 [1904/05], S. 240) veröffentlicht worden sind.

Thomas Emmerig

VORABEND

DAS RHEINGOLD

Die Rheintöchta schwimma
In lustiga Hatz.
Der Alb'rich mecht' fanga
Sich oani zum Schatz.

Sie fopp'n na mit Wagala
Und Weialawei;
A solchas Aquarium
Dees siecht ma net glei.

Iazt taucht aus 'n Wassa
As Rheingold — o Pracht!
Wia dees unserm Zwergal
In d' Aug'n hell lacht!

Woglinde, Wellgunde,
Floßhilde, gebt's acht,
Daß Enk net der Alb'rich
A Schuftale macht!

„Wenn wer aus 'n Rheingold
An Ring macht — ja der,
Der erbt die ganz' Welt
Und no dutzamoi mehr.

Do 's Ringerl bringt z'samm nur
A Bua ohne Schatz."
Dees G'heimnis — wia dumm! —,
D' Woglinde verrat't 's.

Der Zwerg, der hat 's g'hört
Und vafluacht die ganz' Liab'.
Raps — schnell mit 'n Rheingold
Davorennt der Diab.

(Verwandlung)

Der Wotan schlaft göttli,
Mit Nebi bedeckt,
Bis daß 'n sei' Gattin —
So san s' halt oft — weckt.

Er reibt si die Aug'n
Und traut kaam sein' G'schau,
Denn ferti steht da
A riesiga Bau.

Hob g'moant, daß die Walhall
Der Klenze hot 'baut,
Derwei hob'n s' zwoa Riesen
Aus Marmelstoa g'haut.

Zum Lohn hot der Wotan
Die schenste der Frau'n,
Sei' Schwäg'rin, vasprocha —
Da ko ma leicht bau'n.

Die Freia, a Obstlarin
Von Profession,
Die Äpfi vakaaft,
Is a hoakle Person.

Sie mag halt koan Riesen,
Sie schreit, was sie ko —
So a Schwäg'rin is oft
A Kreiz für an Mo.

Zum Glück woaß der Loge
An Ausweg sei'm Herrn.
I dank', wenn aa d' Götta
Kontraktbrüchi wer'n!

Der Wotan reizt d' Riesen
Mit 'n Gold aus 'n Rhein —
Da siecht ma, as „Rheingold"
Muaß reizend do sein.

(Verwandlung)

Der Wotan und Loge
Im Nifelenheim,
Den Alb'rich beschwatzen s'.
Der geht auf 'n Leim:

In a Schlang', in a Kröt'n
Vawandelt er sich —
Wer so si laßt fanga,
Is eh' scho a Viech.

Iazt schlepp'n s' 'n aufi,
Die Freia werd frei.
Der Alberich stößt aus
An furchtbar'n Schrei.

An Ring raubt eahm Wotan.
„Tod dem, der 'n trogt!",
Fluacht Alberich rasend
Und schnell davojagt.

Der Fafner erschlagt iazt
An Fasold, o Narr!
Wenn 's Gold wo im Spiel is,
Is d' Freindschaft bald gar.

Die Götta wer'n lusti,
Weil s' d' Freia frisch hamm,
Die füattert s' mit Äpfi
Und flickt s' wieda z'samm.

Über d' Reg'nbog'nbruck'n
Ziahg'n d' Götta nach Haus'.
Aa die Mensch'n werd 's wohl iazt;
Denn 's „Rheingold" is aus.

ERSTER TAG

DIE WALKÜRE

Erster Aufzug

Es donnert und blitzt und
Voi Hunger und Durscht
Stürmt Siegmund in d'Hütt'n —
Wem s' g'hört, is eahm wurscht.

Auf 's Stroh fallt er nieda,
Da kimmt die Sieglind'.
Und dees is natürli,
Daß die 'n glei find't.

Er bitt't um a Wassa,
Sie gibt eahm an Meth.
Alloa is s' dahoam nur,
Do dees scheniert net.

Sie frag'n ananda,
Wia s' hoaß'n und no
San s' recht im Dischkrier'n,
Derwei kimmt ihr Mo.

Der Hunding, so hoaßt er,
Der kennt seine Leit'
Und is über 'n Gast grad
Net b'sunders erfreit.

„A Pechvogl bin i",
Tuat Siegmund Bericht,
Vazählt trotz sein' Hunga
Langmächti a G'schicht.

An Hunding werd 's z'wida,
Er mecht' heint sei' Ruah:
„Wart, Siegmund! I kimm da scho
Morg'n in der Fruah!"

Iazt lass'n s' an Siegmund
Alloa auf 'n Stroh,
Und wenn er scho müad is, so
Singt er halt do.

Und wia er tuat singa
Im Mondenschein,
Da schleicht die Sieglinde
Vastoin sich rein.

Der Hunding, der schnarcht scho.
Daß der s' net erwischt,
Hat sie in sei Bier eahm
A Schlaftrankl g'mischt.

Iazt zoagt s' eahm an Schwertgriff
Im Esch'nholzstamm.
Der Siegmund werd lusti:
„Den wer'n ma glei hamm."

Iazt hot er an Notung,
Iazt ko 's eahm net fehl'n.
Was weiter no g'schicht,
Ko neamad vazähl'n.

Zweiter Aufzug

Der Wotan, der helfat
An Siegmund so gern,
Aba d' Frika, sei' Gattin,
Wui nix davo hör'n.

Als Wei is natürli
Sie sehr für die Eh'n.
Der Wotan hätt' liaba
Moderne Ideen.

Sie lest eahm d' Levit'n
Und schimpft 'n und knärrt,
Bis daß er an Siegmund
An Untergang schwört.

Es jammert der Wotan
In an schrecklig'n G'sang,
So dreiviertel Stund' — no,
Dees is ja net lang.

„Das Ende — das Ende",
So ruaft er am Schluß —
I hob mir 's ja denkt,
Daß 's an End' nehma muß.

Die arme Brünnhilde
Senkt trauri an Speer.
Da kimmt die Sieglind' und
Der Siegmund daher.

Sie ko nimma weita,
Sie bleibt eahm am Platz.
Bald nennt er s' sei' Schwesta,
Bald nennt er s' sein' Schatz.

Der Siegmund muaß furt
Zua der Luftpaukerei.
Es steht die Brünnhilde
Aus Mitleid eahm bei.

Da ko ma was lerna
Von dene Walkür'n,
Wia die bei der Hand san
Und flott sekundier'n.

Do nix nutzt der Notung
Und der Sekundant,
Schlagt Wotan mit 'n Stecka
Dir 's Schwert ausanand!

Der Hunding dasticht 'n —
Da macht ma a G'schroa:
„Es sei z'wenig Handlung",
San g'fall'n do scho zwoa!

Dritter Aufzug

Wenn acht so Walkür'n
Mitananda dischkrier'n,
Mit Leichen am Gaul,
Geht da eahna 's Maul!

Mit Helm und mit Speer und
Mit fliegade Haar,
Jed's jodelt, als ob 's eh'
A Sennerin war.

Sie steig'n umananda
Mit winzige Schritt',
Daß koani der andern
An Schlepp runtertritt.

Und grad als wenn 's 'zwickt wür'n,
Schrei'n s' alle in d' Höh:
„Du arme Brünnhilde,
Mit dir is 's ade!"

Net g'nuag, daß s' an Siegmund
Hot g'holfa bein Strauß,
Sie hilft aa der Sieglind' —
Sie laßt halt net aus!

So wuid wia a Wetta
Stürmt Wotan daher.
Er schreit ja ganz schreckli,
Schwingt zorni an Speer.

Es fleh'n die Walküren:
„Hab Erbarmen mit ihr!" —
„Brünnhilde, wo bist du?
Ob d' hergehst zu mir!

Walküre und Wunschmaid
Bist d' g'wes'n, pack ein!
Iazt konnst d' a ganz g'wöhnliges
Frau'nzimma sein.

Mit sackfestem Schlaf sei'n
Dei' Aug'n bedeckt
Und den muaßt d' heirat'n,
Der z'erscht di aufweckt."

Da jammert d' Brünnhilde:
„O sei do so guat
Und mach um mi rundrum
A bißl a Gluat,

Daß der werd mei Mo,
Der durch 's Fei'r für mi geht.
Denn jed'n, der herkimmt,
Mag unsaoans net.
I bin ja dei Tochta,
Bedenk do die Schmach!"
„'s is recht", sagt der Wotan:
„Der G'scheita gibt nach."
A wabernde Lohe
Schlagt häuserhoch raus —
Und gar is 's — sunst ruckat
No d' Feierwehr aus.

ZWEITER TAG

SIEGFRIED

Erster Aufzug

Wenn blaua Himmi is,
G'spirt ma koan Reg'n.
Wer net im „Siegfried" war,
Hot no nix g'sehg'n.

Kaam geht der Fürhang auf,
Kimmt scho a Bär —
Dees is as erschte Viech,
's kemma no mehr.

Mime, der nette Zwerg,
Buckelt und krumm,
Jammert in oan furt und
Woaß net warum.

Siegfried is schreckli grob,
Schimpft wia net g'scheit.
No — i hob nix dageg'n,
Umigeht d' Zeit.

Wer sei' Herr Vata is,
Fragt er an Zwerg.
Dees is a Frag, da steht
Mancha am Berg.

Mime, dem Schwatza,
Reißt Siegfriedl aus.
Wotan als „Wanderer"
Kimmt iazt ins Haus.

Wei eahm die Langewei'
Macht sovui Plag',
Spielt mit 'm Mime er
Antwort und Frag'.

„Wer nix von Fürcht'n woaß",
Sagt er und geht,
„Der schmied't an Notung nur,
Du aba net."

Siegfried, der fürcht't si net —
Dideldumdei! —,
Haut mit 'n Notung
An Amboß entzwei.

Zweiter Aufzug

's G'schirr macha d' Hafna,
Der Drach', der hoaßt Fafna
In der Neidhöhl'n drunt',
Wei er koan nix vagunnt.

Der Siegfried dasticht 'n,
Damit do was g'schiecht,
Und wascht si na g'müatli
Mit Drachabluat 's G'sicht.

Was d' Vögerl tuan singa, iazt
Siegfried vasteht.
I hob nix dageg'n,
I selm vasteh 's net.

Es mecht so gern Mime,
Der scheußliche Tropf,
An Siegfried umbringa,
Doch eahm kost't 's an Kopf.

Zum Glück fliagt as Vögerl
Am Siegfried davo.
Wenn dees net waar g'schehg'n,
Na singat er no.

Dritter Aufzug

Der Wotan weckt d' Erda
Und Glück ihr vakünd't:
„Es heirat't der Siegfried
Dei' saubernes Kind."

Wia weg is die Erda —
Was wui ma no mehr —,
Bringt 's Vögerl an Siegfried
Scho wieda daher.

Er schmeißt all's auf d' Seit'n —
Es schleunt 'n gar so —
Und schneidi durchbricht er
Die wabernde Loh'.

Wia schrickt er iazt z'samm,
Als mit Panza und Schild
Er unter a Tanna siecht
Schlafa Brünnhild'!

Er weckt sie mit recht an
Langmächtig'n Schmatz.
Da macht s' große Aug'n —
Und werd glei sei' Schatz.

Sie jodeln und singa —
Dees selige Paar!
Zum Glück fallt der Fürhang,
Sunst waar 's no net gar.

DRITTER TAG

GÖTTERDÄMMERUNG

Vorspiel

Die Norna, die spinna
Und singa so schen,
I glaab, daß sie d' Hälfte davo
Net vasteh'n.

Von Esch'n und Tanna —
Dees is a Musik!
Gottlob, daß do z'letzt
Ausanand reißt der Strick.

Iazt fahr'n s' zua der Muatta:
Ihr Wiss'n sei gar.
Hab'n s' G'scheitas nix g'wißt,
Na hot 's net vui G'fahr.

Die Langwei an Siegfried
Gar bald übakimmt.
An feirig'n Abschied von
Brünnhild' er nimmt.

Als Pfand treia Liab'
Gibt er ihr seinen Ring,
Dafür er im Tauschweg
Ihr Leibroß empfing.

I wollt', daß der Graue
A Baßstimmerl hätt',
Dees gebat zum Urlaub
A narrisch's Terzett.

Erster Aufzug

In der Gibichenhalle
Am Ufa des Rhein,
Da sitzt der Herr Guntha,
Schaugt mißmuati drein.

Er hätt' gern a Gattin,
Sei' Schwesta an Mo.
Wia fad, wenn ma mecht'
Und net heirat'n ko!

„Die Jungfer Brünnhilde,
Die waar ja ganz recht,
Wenn s' wer aus 'n Feia
Dir 'raushol'n mecht'!

Der Siegfried alloa ko 's",
Hört Hag'n er sog'n,
„Du muaßt eahm dafür halt
Dei' Schwesta otrog'n!"

Die Schwesta Gutrune,
Schnell is sie dabei,
Denn liaba als koana
Waar'n dera glei drei.

Und wia s' überleg'n,
Wia daß ma 's fangt o,
Da kimmt mit sein' Hörndl
Der richtige Mo.

Denn kaam is der Siegfried
In der Gibichenhall'n,
Da geht er der Gutrun
Scho glei in d' Fall'n.

An Liebestrank mischt s' eahm,
Er trinkt aus 'n Horn —
Mit Hörna san vui scho
Gesiegfriedelt wor'n.

(Verwandlung)

Vor 'm Stoahäus'l sitzt
Die Brünnhilde und lauscht,
Da kimmt die Waltraute
Vom Wald füri g'rauscht —

Recht eili, wia 's g'wöhnli
Die Frau'nzimma hamm —
Und jammert: „In Walhall,
Da geht nix mehr z'samm!

Der Wotan is trauri,
Wei di er net hot.
Es schmeckt eahm koa Wildbret,
Koa Äpfisalot.

Vom Weltesch'nholz so
An etliche Ster
Hot er aufklaftern lass'n
Um an Göttasaal her.

As Nibelungringerl,
Dees liegt eahm im Mag'n:
In 'n Rhein sollst d' es werfa,
Dees laßt er da sag'n."

Die Brünnhild', die mag net —
So san d' Weiba halt —,
An Ring sie net herlaßt,
Wei z' guat er ihr g'fallt.

Die Waltraut is weg. Da —
Mit 'n Tarnhelm bedeckt —
Kimmt Siegfried als Freia,
Den 's Feia net schreckt.

Und richti, der Schlankl
Hot 'n Guntha sei' G'stalt.
Wei 'n Ring sie net hergibt,
Drum nimmt er 'n mit G'walt.

Iazt ko s' nix mehr macha,
Muaß Frau Guntharin wer'n.
As Schwert ko 's bezeig'n:
's g'schiecht alles in Ehr'n.

Zweiter Aufzug

In der Gibichenhalle
Im Dunkel der Nacht
Sitzt Hag'n und tuat schlafa:
Er is auf der Wacht.

Der Alb'rich, sei Vata,
Der 's Rheingold hat g'stohl'n,
Mecht' 'n Ring wieda hab'n,
Der Hag'n soll 'n hol'n.

Iazt kimmt die Brünnhilde,
Herrn Gunthers Gemahl,
Und stößt auf die Gutrun —
Dees gibt an Skandal.

Es werd ihr glei übi,
Wia 'n Ring sie daschaut.
„Ha! Siegfried, du Spitzbua!",
Schreit s' wüati und laut.

Drum wer als ein Gatte
Net sei wui dakannt,
Der trogt, wenn er g'scheit is,
Koan Ring an der Hand.

Umsunst schwört der Siegfried,
Daß schuldlos er wär' —
Die Brünnhild' is rasend,
Sie glaabt eahm nix mehr.

An Siegfried verrat't
Die eigene Frau.
Vom Mo die schwach' Seit'n,
As Wei kennt s' genau.

Der Guntha is aa wuid,
Es ärgert 'n 's Horn.
„Er falle!", so ruaf'n s',
„Er falle!" voi Zorn.

An Fürhang wenn s' moanat'n
Anstatt 'n Siegfried,
„Er fall'", ruafat alles
Von Herz'n gern mit.

Dritter Aufzug

A Jagd is. Der Siegfried
Fehlt d' Has'n und d' Schwein',
Da pfeift er auf 's Schieß'n,
Bad't liaba im Rhein.

Her schwimma d' Rheintöchta.
Sie warnana sehr.
Sie mecht'n as Ringal,
Dees gibt er net her.

Zur Rast werd iazt blas'n.
Da steigt eahm in 'n Kopf,
Am Siegfried, dees Trankl
Vom Hag'n, dem Tropf.

„Ja, ja, die Brünnhilde
War aa scho mei Schatz!"
Sunst hätt' er 's vaschwieg'n,
Der Wein, der verrat't 's.

Am Hag'n werd iatza
Zu stark der Tabak:
Er sticht 'n als Rächa
Des Meineids in 's G'nack.

So a Stich — sollt' ma moana —,
Da is 's aus mit 'n G'sang.
Do g'stocha aa singt no
Der Siegfried hübsch lang.

Die Leich' bringt der Hag'n
Der Gutrun ins Haus,
Als Beite er bitt't si
As Goldringerl aus.

Der Guntha, der mag net —
Und 's End' von der G'schicht':
Daß aa no an Guntha
Der Hag'n dasticht.

An Ring fordert Hag'n,
Der Giftnick'l, der!
Do g'storb'n aa laßt 'n
Der Siegfried net her.

Es laßt die Brünnhilde
An Holzhauf'n schür'n.
Die Leich'nverbrennung,
Die mecht' sie probier'n.

Der Ring mit der Asch'n
Soll kemma in 'n Rhein.
„Ja, selig", so singt sie,
„Macht Liebe allein!"

Kaam is sie vabrennt —
Was wui ma no mehr —,
Da wälzt seine Flut'n
Der Rhein drüba her.

Um 'n Ring no der Hag'n
Mit die Rheintöchta rauft.
Do die könna schwimma —
Der Hag'n dasauft.

Koa Götta, koa Mensch'n,
Nur Rheintöchta mehr —
Koa Ring auf der Welt hot
Sovui kost't wia der!

Für alle Wagner-Fans!

Erich Rappl

Wagner Opernführer

4. Auflage

Der Wagner Opernführer ist die schriftliche Ausarbeitung der seit vielen Jahren bei den Bayreuther Festspielen gehaltenen Einführungsvorträge des Verfassers zu den einzelnen Werken. Es werden ausführlich Inhalt der Werke, die musikalische Gestalt, die Besetzung und Daten zu Entstehung und Uraufführung der Opern dargestellt.

BE 2501, 184 Seiten   **DM 24,-**

GUSTAV BOSSE VERLAG REGENSBURG